CW00738714

Vornamen 2022

Deutsche Babynamen für Jungen und Mädchen

By Ziska Schmidt

Jungennamen

Aage
Abelard
Abelardo
Abert
Abt
Acel
Adalard
Adalbero
Adalbert
Adalberto
Adalbrecht
Adalbricht
Adalfieri
Adalgiso
Adalhard
Adalia
Adalius
Adalric
Adalrich
Adalrick
Addolf
Addolph
Adelard

Adelbert
Adelbrecht
Adelfieri
Adelgiso
Adelio
Adellard
Adelmo
Adelric
Adelrich
Adelrick
Ademar
Adhemar
Adie
Adlar
Adlard
Adler
Adlin
Adolf
Adolfo
Adollf
Adolph
Adolphe
Adolpho
Adolphus
Adulfus
Agidius

Ahlois
Ahren
Ailbeart
Ailbert
Ailean
Ailin
Aimerey
Aimeric
Aimery
Aimon
Aimond
Aimone
Aistulf
Alan
Aland
Alann
Alano
Alanson
Alard
Alaric
Alarich
Alarick
Alarico
Alary
Alavaro
Alberic

Alberich
Alberick
Alberik
Albern
Albert
Albertino
Alberto
Albertus
Albrecht
Albrekt
Albricht
Alby
Alder
Aldivin
Aldous
Alen
Aleric
Alerick
Alfo
Alfons
Alfonso
Alfonsus
Alfonzus
Alfreck
Alfrid
Alger

Algis
Aliard
Alin
Allain
Allan
Allaric
Allarick
Allerd
Alleric
Allerick
Alleyn
Allin
Allison
Almanzo
Almar
Almarin
Almarino
Aloess
Alois
Aloisius
Aloj
Alojzy
Aloys
Aloysius
Alphonse
Alphonzo

Alphonzus
Alric
Alrick
Alterman
Altermann
Altman
Altmann
Alvar
Alvaro
Alvert
Alvertos
Alwin
Alwine
Alwyn
Alyn
Amalaric
Amalie
Amaury
Amerey
Amery
Amory
Ancel
Anicho
Anse
Ansel
Ansell

Anselm
Anselma
Anselme
Anselmi
Anselmo
Ansgar
Anshelm
Anslem
Anso
Anton
Anzelm
Arch
Archaimbaud
Archambault
Archard
Archerd
Archibald
Archibaldo
Archibold
Archie
Archimbald
Archimbaldo
Archy
Aren
Arland
Arlando

Arlen
Arlo
Armand
Armin
Arminius
Arminlo
Armino
Armon
Arn
Arnau
Arnaud
Arnd
Arndt
Arne
Arnel
Arnell
Arnie
Arno
Arnoe
Arnold
Arnoldo
Arnot
Arnou
Arnoud
Arnout
Arnoux

Arnow
Arnowe
Arnthor
Arnulf
Arny
Aronne
Arquibaldo
Arquimbaldo
Arvin
Arvis
Arvon
Arvy
Arvyn
Arwin
Aube
Auberon
Auberron
Aubert
Aubray
Aubrie
Audrad
Audric
Augusten
Aurick
Aurik
Auster

Autha
Averey
Avicus
Aylward
Aymeric
Aymery
Bach
Baden
Bader
Baer
Bald
Baldemar
Balderic
Balderik
Baldewin
Baldomar
Baldomero
Baldovino
Baldric
Baldrick
Balduin
Baldwin
Baldwinn
Baldwyn
Baldwynn
Ballard

Balldwin
Baltasar
Bardo
Bardric
Bardrich
Bardrick
Barend
Barnard
Barnardo
Barnhard
Barnhardo
Barny
Baron
Baronicio
Barrat
Barratt
Barren
Barret
Barrett
Barron
Barthel
Bartol
Baudoin
Baudric
Bauer
Baumar

Baumer
Bavo
Bear
Bearnard
Bedrich
Beil
Béla
Belarmino
Belindo
Bellindo
Benning
Benno
Beno
Beornheard
Berend
Berenger
Berg
Bergen
Berger
Bergh
Berl
Berle
Berlin
Berlyn
Berman
Bern

Bernal
Bernald
Bernard
Bernarde
Bernardino
Bernardo
Bernarr
Bernd
Berndt
Berne
Bernerd
Bernhald
Bernhard
Bernhardo
Bernhardt
Bernhart
Bernhold
Bernie
Bernis
Bernold
Bernstein
Bernt
Bert
Bertel
Bertell
Berthold

Berthoud
Bertie
Bertil
Bertol
Bertold
Bertolde
Bertoll
Bertolt
Bertram
Bertrand
Bertrando
Bertranno
Bertrem
Bertrum
Bill
Bille
Billie
Billy
Bing
Bingham
Blasi
Blasius
Blaz
Bob
Bobby
Bode

Bodie
Bogaard
Bogaart
Bogaerd
Bogart
Bogey
Bogie
Bogy
Bond
Bonifaz
Bowman
Brahms
Brandeis
Brandt
Brant
Braun
Breneman
Brenner
Breslau
Brick
Brickel
Brickell
Brodrick
Brodryck
Bronson
Brookes

Broon
Bruin
Bruino
Brun
Bruno
Brunon
Brunswick
Brunwyn
Brynner
Bubba
Bud
Buel
Buell
Bueller
Buhl
Buhler
Burg
Burgh
Burghard
Burke
Burkhard
Burle
Burlin
Burnard
Burrhus
Burroughs

Burrows
Busch
Bushrod
Callan
Carl
Carleton
Carlo
Carloman
Carolus
Carrol
Carsten
Caryl
Caspar
Casper
Cayle
Chareles
Charels
Charl
Charle
Charlen
Charles
Charlese
Charleson
Charls
Charlz
Chas

Chay
Chaz
Chazz
Cheudler
Chick
Childeric
Chuck
Claiborn
Claiborne
Claibourn
Claibourne
Claudius
Claus
Clause
Clay
Clayborn
Claybourn
Claybourne
Cline
Clodoveo
Clove
Clovio
Clovis
Clovisito
Clovito
Clyne

Coen
Coenradd
Colbert
Colvert
Conrad
Conrade
Conrado
Conroy
Cord
Corradino
Corrado
Cort
Corty
Court
Cram
Cramer
Culbert
Curd
Currado
Dagbert
Dagobert
Dagoberto
Dalbert
Dale
Danek
Danner

Danube
Darek
Darrick
Darriq
Decker
Dedric
Dedrick
Deiter
Der
Dereck
Derek
Deric
Derick
Derik
Deriq
Derk
Derreck
Derrek
Derrick
Derrik
Derryck
Derryk
Deryck
Deryk
Deryke
Detlef

Detleff
Detlev
DeWill
Dewitt
Dian
Dick
Dickie
Dicky
Diederick
Diederik
Diedrick
Dierk
Diesel
Dietbald
Dietbold
Dieter
Dietmar
Dietrich
Dillinger
Dimosthenes
Dinand
Dirck
Dirk
Dirke
Ditmar
Dittmar

Dolf
Dollfus
Dollfuss
Dollphus
Dolph
Dolphus
Donar
Donau
Drake
Dresden
Drexel
Duer
Dunston
Durin
Dustan
Dusten
Dustin
Duston
Dustyn
Dutch
Dwight
Dyrk
Earnest
Ebbo
Eber
Eberado

Eberdt
Eberhard
Eberhardt
Eberle
Eberlein
Eberley
Ebert
Eberwin
Eckard
Eckardt
Eckbert
Eckhard
Eckhardt
Eckhart
Eddo
Ede
Edel
Edelfieri
Edelgiso
Edelin
Edi
Edo
Edsel
Eduard
Eg
Egbert

Egbricht
Eginard
Eginhard
Eginhardt
Egmond
Egmont
Egon
Ehren
Ehrhard
Einhard
Einhardt
Einstein
Ekkehard
Ekkehardt
Elbert
Elbrecht
Eldin
Eldis
Eldous
Eldredge
Eldrege
Eldrich
Eldrick
Eldridge
Eldrige
Electelm

Ellard
Ellery
Ellma
Elmar
Elmer
Elmo
Elterman
Eltermann
Eltman
Emelie
Emeric
Emery
Emet
Emett
Emil
Emmerich
Emmo
Emory
Engelbert
Engelbricht
Enno
Enric
Enrikos
Erberto
Erhard
Erhardt

Erhart
Erick
Erik
Ermanno
Ermano
Ermen
Ern
Ernest
Ernesto
Ernestus
Ernie
Erno
Ernst
Erwin
Ethelred
Etzel
Everard
Everet
Everett
Everhardt
Everret
Everrett
Evert
Evrard
Evreux
Ewald

Faber
Factor
Falk
Faramund
Faro
Farolf
Faron
Farran
Faydor
Federigo
Fedor
Ferd
Ferdi
Ferdie
Ferdinand
Ferdinando
Ferdo
Ferdy
Ferdynand
Feren
Fernan
Fernandas
Ferran
Fiete
Filbert
Filberte

Filberto
Fitzgerald
Fitzhugh
Fletch
Florentin
Folker
Fons
Fonso
Foreman
Forest
Frank
Franken
Franz
Franzen
Franzl
Fredd
Freddie
Freddy
Fredek
Frederic
Frederich
Frederick
Frederik
Fredi
Fredric
Fredrick

Fredrik
Freed
Freidrich
Fremont
Frido
Fridolin
Fried
Friedel
Friedelm
Frieder
Friedhelm
Friedl
Friedlieb
Friedrich
Friso
Frits
Fritz
Fritzchen
Fritzi
Fritzl
Fuhrman
Fuhrmann
Fulbert
Fulbright
Furman
Furmann

Fynn
Gable
Galtero
Gandalf
Gandolf
Gandulf
Gannet
Gannett
Garet
Garett
Garin
Garison
Garit
Garmann
Garold
Garrett
Garrit
Garritt
Garrman
Garry
Garryson
Garrytt
Gary
Garyn
Garyson
Garyt

Gaston
Gatsby
Gaucelm
Gaultier
Gauthier
Gautier
Gearalt
Gebbert
Gebhard
Geert
Geff
Geffrey
Geldhart
Gemino
Geoff
Geoffrey
Geoffroi
Geoffroy
Geoffry
Geofrey
Geofry
Geordan
Gerald
Geralde
Geraldo
Gerard

Geraud
Gere
Gerek
Gerhard
Gerhardt
Gerhart
Gerik
Gerlac
Gerno
Gerold
Gerolld
Gerollt
Gerolt
Gerrald
Gerrard
Gerrell
Gerrild
Gerrit
Gerrold
Gerry
Gertjan
Gervais
Gervaise
Gervas
Gervase
Gervasio

Gervasius
Gervaso
Gervayse
Gerwazy
Gerwin
Geryld
Gib
Gilbert
Gilberto
Gilburt
Gillermo
Gino
Giotto
Giraldo
Giraud
Girauld
Girault
Gisbert
Giselbert
Giselher
Godard
Godart
Goddard
Goddart
Godefroi
Godfrey

Godfried
Godfry
Godhardt
Godhart
Godofredo
Goffredo
Gothart
Gottfrid
Gottfried
Gotthard
Gotthardt
Gotthart
Gottschalk
Gotz
Gredorius
Griswald
Griswold
Gualterio
Gualtiero
Guenter
Guenther
Guglielmo
Guilbert
Guillaume
Gun
Gunn

Gunnar
Gunner
Gunners
Guntar
Gunter
Günter
Guntero
Gunthar
Gunther
Günther
Guntur
Gustav
Guy
Gwillyn
Gwilym
Hacket
Hackett
Hackit
Hackitt
Hackman
Hagan
Hahn
Haimon
Haines
Halward
Hamblin

Hamelin
Hamlen
Hamlet
Hamlin
Hamlyn
Hammar
Hammer
Hammet
Hammett
Hammond
Hammur
Hamnet
Hamnett
Hampel
Hampo
Hampus
Hank
Hanno
Hans
Hansel
Harben
Harbert
Harbin
Hardey
Hardy
Harlan

Harman
Harmon
Harry
Hartman
Hartmann
Hartmut
Hartwig
Hartwin
Hastings
Hauke
Haydn
Hefner
Heiko
Heilmut
Heimrich
Heindrick
Heindrik
Heine
Heiner
Heini
Heinie
Heino
Heinrich
Heinrick
Heinrik
Heinz

Heller
Helmfried
Helmut
Heman
Hendrick
Hendrik
Henerik
Henning
Henri
Henric
Henricus
Henrik
Henrique
Henry
Henryk
Herb
Herbert
Herbie
Herbst
Heribert
Heriberto
Heriot
Herman
Hermann
Hermie
Herminio

Hermon
Hernan
Herold
Herrick
Herrik
Herrior
Hershel
Hertz
Herwald
Herwen
Herwin
Hess
Hew
Hewe
Hieronymous
Hieronymus
Hildebrand
Hildebrandt
Hildefuns
Hilderic
Hilderich
Hillard
Hillebrand
Hiller
Hilliard
Hillier

Hillierd
Hillyard
Hillyer
Hillyerd
Hinrich
Hiu
Hobard
Hobart
Hodge
Hoffman
Hoffmann
Hofman
Hofmann
Hoover
Horatio
Horatius
Horst
How
Howard
Howe
Hube
Huber
Hubert
Huberto
Hubie
Hubricht

Hue
Huego
Huey
Huffman
Hugbert
Hugh
Hughe
Hughes
Hughie
Hugo
Hugues
Hulbard
Hulbert
Hulburd
Hulburt
Humbert
Humberto
Humfrey
Humfrid
Humfried
Humfry
Humph
Humphery
Humphrey
Humphry
Hundolf

Hunfredo
Huni
Huppert
Hutch
Huw
Ignacius
Ignate
Ignatz
Immanuel
Ing
Ingelbert
Ingo
Ingolf
Ingram
Irwin
Isidor
Ivo
Jaegar
Jaeger
Jagur
Jannick
Jannik
Jarman
Jarmann
Jarrell
Jarves

Jarvey
Jarvis
Jefery
Jefferey
Jefferies
Jeffery
Jeffey
Jeffree
Jeffrey
Jeffries
Jeffry
Jeffy
Jefry
Jeoffroi
Jerald
Jerman
Jerold
Jerri
Jerrold
Jerry
Jervis
Jessen
Jeter
Jocelin
Jocelyn
Jochim

Joffre
Joffrey
Johan
Johann
Johannes
Jörn
Josef
Josiline
Joss
Josslin
Josslyn
Jung
Jürg
Jürgen
Jürn
Just
Justus
Kagan
Kail
Kaiser
Kale
Kalman
Kant
Kappler
Karcher
Karl

Karlan
Karle
Karlens
Karlo
Karlos
Karlton
Karolek
Karolik
Karoly
Karrel
Karsten
Kasch
Kasimir
Kaspar
Kass
Katz
Kaufman
Kaufmann
Kayle
Kearn
Keefer
Keifer
Keil
Kellen
Keller
Kepler

Keppel
Keppeler
Keppler
Kerbey
Kerbie
Kerby
Kern
Kiefer
Kiefert
Kieffer
Kieffner
Kiefner
Kiffen
Kirbey
Kirbie
Kirkby
Kirsten
Klaus
Klein
Kleiner
Kleinert
Klemens
Kleo
Kline
Koen
Koeraad

Kohl
Konrad
Konradij
Konradin
Kort
Kram
Kramer
Krischan
Kuefer
Kueffner
Kuno
Kurd
Kurt
Kurtis
Kurtt
Kyler
Lachman
Lachmann
Lajos
Lamar
Lamarr
Lamarre
Lambert
Lance
Land
Lando

Lang
Lanny
Lanza
Lanzo
Lear
Lehman
Lehmann
Lemar
Lemarr
Len
Lenard
Lenn
Lennard
Lennart
Lennerd
Lennert
Lennie
Lenny
Leonard
Leonardo
Leondaus
Leonerd
Leonhard
Leonid
Leonidas
Leonides

Leonis
Leopold
Leupold
Levin
Lewes
Lewis
Lexer
Liam
Lindberg
Lindbergh
Lindburg
Lindeman
Lindemann
Linder
Lochner
Lock
Locke
Lodewick
Lodovico
Loeb
Loeber
Loew
Loewe
Loewy
Loman
Lonnard

Lonni
Lonnie
Lonny
Loring
Lorring
Lotar
Lotario
Lothair
Lothar
Lothario
Lother
Lothur
Lou
Loudon
Louie
Louis
Louther
Lucho
Ludo
Ludolf
Ludovic
Ludovico
Ludovicus
Ludvig
Ludvik
Ludwick

Ludwig
Luigi
Luitpold
Lukas
Lutero
Luther
Lutwick
Lutz
Lyam
Lynde
Lyulf
Mahler
Mainard
Mallory
Mandel
Mandell
Mandelson
Manfred
Manfredo
Manfrid
Manfried
Manheim
Mann
Mannfred
Mannfryd
Mannheim

Manric
Manrico
Markel
Markell
Markus
Marr
Marschall
Marsh
Marshal
Marshe
Marx
Marz
Mase
Masen
Massey
Mathais
Mathi
Mathias
Mathis
Mattäus
Matthaeus
Matthaus
Matthis
Matz
Maxi
Mayer

Maynard
Mayne
Maynhard
Maynor
Medard
Medvin
Medwin
Medwinn
Medwyn
Meinhard
Meinhardt
Meino
Meinrad
Menard
Mendel
Mendie
Merriman
Meyer
Mikkel
Miles
Milo
Minze
Moritz
Mortiz
Mozart
Mueller

Mullen
Muller
Naegel
Nagel
Nageler
Nagelle
Nagle
Nagler
Nandi
Nando
Nevin
Nicklaus
Nivo
Norbert
Norberto
Norman
Normand
Normando
Normen
Norton
Novak
Oates
Oberon
Oberron
Obert
Odette

Odilio
Odilo
Odilon
Odis
Odolf
Odolff
Odulf
Oeberon
Ollie
Onfre
Onfroi
Onofredo
Orlan
Orland
Orlando
Orman
Ormand
Ormanda
Ortwin
Osborn
Oskar
Ossie
Osten
Osvald
Osvaldo
Oswald

Oswaldo
Oswell
Ot
Ota
Otess
Otfried
Otha
Othello
Othman
Othmar
Otho
Otildo
Otis
Ottfrid
Ottfried
Ottild
Ottildo
Ottis
Otto
Ottocar
Ottomar
Ottone
Otys
Ozzy
Packard
Paulin

Paulos
Penrod
Pepin
Pfeffer
Phauns
Philbert
Philibert
Philipp
Phillbert
Phons
Phonz
Pippin
Poldi
Porsche
Rab
Rabbie
Radolf
Raechard
Raemond
Raemondo
Rafer
Raimond
Raimondo
Raimund
Raimundo
Rainart

Rainer
Rainhard
Rainhardt
Rainier
Rainor
Rajmund
Ralf
Ralphie
Raman
Rambaud
Rameero
Ramero
Ramey
Rami
Ramond
Rand
Randal
Randale
Randall
Randel
Randell
Randey
Randl
Randle
Randolf
Randolph

Randon
Rane
Ranell
Ranier
Ranieri
Ranolf
Ranulf
Ranulfo
Ranulph
Raoul
Raul
Raulf
Rauly
Rawl
Raye
Raymand
Rayment
Raymie
Raymon
Raymond
Raymonde
Raymondo
Raymun
Raymund
Raymunde
Raymundo

Raymy
Raynar
Raynard
Raynier
Raynor
Raynord
Rayray
Recardo
Redmond
Rehman
Rehn
Reimund
Reinald
Reinart
Reinhard
Reinhardt
Reinhart
Reinhold
Reinier
Reinwald
Renard
Renardo
Renauld
Rendall
Rendell
Renier

Renke
Rennard
Reymond
Reymundo
Reynard
Reynardo
Rheinbeck
Rheinlander
Rhinebeck
Rhinelander
Rhoads
Rhodas
Rhoderick
Rhodric
Ric
Ricard
Riccardo
Rich
Richard
Richardo
Richart
Richerd
Richey
Richi
Richie
Richmond

Rickard
Rickert
Rickey
Ricki
Rickie
Ricky
Rik
Rikard
Rikki
Ring
Riobard
Riocard
Ritchard
Ritcherd
Ritchie
Ritchy
Ritchyrd
Ritshard
Ritsherd
Ritter
Roar
Roban
Robart
Robb
Robbee
Robben

Robbey
Robbi
Robbie
Robbin
Robbins
Robbinson
Robby
Robee
Robene
Robers
Robert
Roberto
Robertson
Robson
Roburt
Robynson
Roc
Roch
Rochelle
Rockie
Rocko
Rocky
Rod
Rodas
Rodd
Rodderick

Roddric
Roddrick
Roddy
Roddyrke
Roderic
Roderich
Roderick
Roderigo
Roderik
Roderyck
Rodge
Rodger
Rodman
Rodmann
Rodnee
Rodney
Rodni
Rodnie
Rodolf
Rodolfo
Rodolph
Rodolphe
Rodreck
Rodrego
Rodric
Rodrick

Rodrigo
Rodrigue
Rodrigues
Rodriguez
Rodrik
Rodriko
Rodrique
Rodriquez
Rodryck
Rodryk
Roeland
Rog
Roge
Rogelio
Roger
Rogerio
Rogers
Rogie
Rogiero
Rogyer
Rohmer
Rojay
Rok
Rokee
Rokko
Roko

Roland
Roldan
Rolend
Rolendo
Roley
Rolf
Rolfe
Rollan
Rolland
Rollando
Rollie
Rollin
Rollins
Rollo
Rolly
Rolph
Rolphe
Rolund
Rolundo
Romer
Romy
Ron
Ronal
Ronaldo
Ronel
Roneldo

Ronney
Ronni
Ronuld
Ronuldo
Roosevelt
Roque
Roric
Rorick
Ross
Roswald
Roth
Rothe
Rowe
Rowland
Rude
Rudee
Rudeger
Rudey
Rudiger
Rüdiger
Rudolf
Rudolfo
Rudolph
Rudolpho
Rudolphus
Rufiger

Ruggero
Ruggiero
Rune
Rupert
Ruperto
Rupertus
Ruppert
Rupprecht
Ruprecht
Rurek
Rutger
Ruttger
Ryszard
Sailor
Salomo
Sander
Sandino
Sascha
Saxon
Schaeffer
Schaffer
Schatzi
Schmidt
Schneider
Schubert
Schultz

Schwartz
Sef
Segismond
Seifer
Seifert
Seifried
Seigmond
Selig
Seligman
Seligmann
Selmo
Sender
Sepp
Seppel
Severin
Shaffer
Shearman
Shermon
Shubert
Siegfried
Siegmund
Siegwald
Sigfred
Sigfrid
Sigfried
Sigfryd

Siggi
Sigismond
Sigismondo
Sigismund
Sigismundo
Sigismundus
Sigmond
Sigmund
Sigvard
Sigwald
Silberman
Silbermann
Silvan
Silverman
Silvester
Silvestre
Silvestro
Simmy
Sinbad
Snider
Snyder
Stanislav
Starck
Stark
Starke
Stearn

Stearne
Stearns
Steen
Stefan
Stein
Sten
Steno
Stensen
Stenssen
Stern
Sterne
Straus
Strauss
Strom
Sygfried
Sylwester
Szymond
Tab
Tammen
Tancred
Tancredi
Tancredo
Tannon
Tassilo
Teal
Tebaldo

Teobaldo
Teodorico
Terenz
Tewdor
Thebault
Thedric
Thedrick
Theobald
Theobold
Theodebald
Theodor
Theodoric
Theodric
Theudo
Thibaut
Thilo
Thurman
Thurmon
Tibold
Tiebold
Tiebout
Tiguan
Til
Till
Tillmann
Tilmann

Timo
Timotheus
Tomah
Trapper
Traugott
Tybald
Tybalt
Tybault
Tyson
Uben
Uberto
Ubrig
Ubrigens
Uhr
Ulas
Ulberto
Ulbrecht
Ulbrich
Ulbricht
Ulexite
Ulf
Ulgar
Uli
Uli Ulrik
Ull
Ullric

Ullrich
Ulman
Ulriah
Ulric
Ulrich
Ulrick
Ulrik
Ulz
Unser
Urbanus
Utz
Uwe
Vaduz
Valdemar
Valdermar
Valter
Valther
Varick
Varner
Varrick
Veit
Velten
Verile
Verill
Verlin
Vernados

Verner
Verrall
Verrell
Verrill
Verroll
Veryl
Vid
Vilem
Vilhelm
Villem
Vilmos
Vincens
Vischer
Visscher
Vix
Volfango
Volker
Volkher
Volney
Von
Voss
Waggoner
Wagner
Wagoner
Walbert
Wald

Waldemar
Walden
Walder
Waldo
Waldorf
Waldorp
Waldron
Waldwick
Waldwyck
Walfred
Walfried
Waller
Walli
Wallie
Walmond
Walt
Walten
Walter
Walthard
Walther
Waltili
Walton
Waltraut
Waltur
Walty
Wanamaker

Wannamaker
Warick
Warner
Warren
Warrick
Wat
Weber
Weissman
Weissmann
Welbey
Welbie
Welby
Wellbey
Wellby
Wendale
Wendel
Wendell
Wenzeslaus
Werner
Wernhar
Wernher
Werther
Wes
Wetzel
Wicker
Wilbart

Wilber
Wilbert
Wilberto
Wilbur
Wilburn
Wilburt
Wild
Wilde
Wilder
Wilek
Wilfrid
Wilhelm
Wilhelmus
Wilkes
Wilkie
Will
Willbur
Willem
Willey
Willeye
Willhelmus
Willi
William
Williams
Williamson
Willie

Willifred
Willis
Willkie
Willmar
Willmer
Wills
Willson
Willy
Wilmar
Wilmer
Wilmore
Wilson
Wim
Winfield
Winfred
Winfried
Winulf
Wolf
Wolfe
Wolfert
Wolff
Wolfgang
Wolfhart
Wolfram
Woolf
Wulf

Wulfe
Wulfram
Wyckoff
Wykoff
Wylmer
Yaeger
Yale
Yohann
Zahn
Zamael
Zamiel
Zelig
Zeppelin
Ziggy
Zigmund
Zikmund
Zsigmond
Zwentibold

Mädchennamen

Abelina
Ad
Ada
Adabelle
Adalaide
Adalayde
Adalberta
Adalberte
Adalena
Adalene
Adalgisa
Adalgise
Adalgunde
Adalheid
Adalheit
Adalia
Adalin
Adalina
Adaline

Adallina
Adalyn
Adda
Addala
Addalla
Adde
Addey
Addi
Addula
Adel
Adela
Adelade
Adelaida
Adelaide
Adelais
Adelajda
Adele
Adelei
Adelgise
Adelgund
Adelheid
Adelia
Adelice
Adelicia
Adelind
Adelinda

Adelinde
Adeline
Adelis
Adell
Adella
Adellah
Adelle
Adelvice
Adelyn
Adelynn
Adey
Adia
Adiah
Adie
Adilene
Adima
Adler
Adolfa
Adolfina
Adollfa
Adolpha
Ady
Aemilia
Agna
Ahdella
Aidah

Aide
Aillie
Akeelah
Akela
Al
Alaine
Alais
Alaisa
Alanice
Alannah
Alanza
Alarica
Alarice
Alaricka
Alarieka
Alary
Alaynna
Alberta
Albertha
Alberthine
Albertina
Albertine
Albreda
Alda
Aldabella
Aldana

Aldea
Aldegunda
Aldene
Aldona
Alease
Aleceea
Alecia
Aleece
Aleecia
Aleesa
Aleesha
Aleetheea
Aleine
Aleisha
Alenne
Alesha
Aleshia
Alexandrine
Alexis
Aley
Alfi
Alfonsia
Alfonsine
Alfreda
Alfredah
Alfredda

Alfredia
Alfreeda
Alfri
Alfrida
Alfried
Alfrieda
Alfryda
Alica
Alicah
Alice
Alicea
Alicen
Alicja
Alida
Alidee
Alieshea
Alika
Alikah
Aliki
Alinda
Aliosha
Alis
Alisa
Alisan
Alisann
Alisanne

Alise
Alisha
Alishia
Alisia
Alison
Alisoun
Alissa
Alisun
Alisz
Alitheea
Alitia
Alix
Aliz
Alke
Allaryce
Allcenne
Allecia
Alleece
Alleeceea
Alleine
Allena
Alles
Alless
Allfie
Allfreda
Allfredah

Allfredda
Allfrie
Allfrieda
Allfry
Allfryda
Allfy
Allice
Allicea
Allicen
Allicenne
Allicia
Allie
Allis
Allisann
Allisanne
Allison
Alliss
Allisun
Allisunne
Allisyn
Allsun
Ally
Allyce
Allyceea
Allynn
Allynne

Allys
Allysann
Allysanne
Allysia
Allysiah
Allysin
Allysoun
Allyssha
Allysson
Almeena
Almena
Almerin
Almerine
Almina
Aloisa
Aloise
Aloisia
Alonsa
Alonza
Aloysia
Alphonsine
Alverta
Alvira
Alviria
Alyce
Alyceea

Alycia
Alynne
Alys
Alysan
Alysann
Alysanne
Alyse
Alysha
Alyson
Alysoun
Alyss
Alyssia
Amalea
Amaleeda
Amalida
Amalie
Amalya
Amara
Amelia
Amelida
Amélie
Amelina
Amelka
Amerie
Amilia
Amilie

Amori
Amorie
Amory
Analiese
Analise
Anastasie
Angelika
Aniceta
Anicetta
Anja
Anke
Annabelinda
Annaliese
Annalise
Annamaria
Annda
Annegret
Anneliese
Annelise
Anniceta
Annicetta
Annika
Anselma
Antje
Arabelle
Arduina

Aren
Aria
Armanda
Armandina
Armantine
Armeena
Armgard
Armina
Armine
Arminie
Armyne
Arnalda
Arnel
Arnelle
Arnetta
Arnette
Arnita
Arnolda
Arrietty
Arvilla
Arya
Asteria
Astrithr
Athanasia
Athelina
Auberon

Auberte
Aubertha
Auberthe
Aubray
Aubre
Aubree
Aubreigh
Aubrette
Aubrey
Aubri
Aubriana
Aubrianne
Aubrie
Audris
Audriss
Ava
Avalee
Aveza
Avi
Avice
Avil
Avila
Avis
Awilda
Axella
Axelle

Baden
Baldwin
Barrett
Barretta
Barta
Bartha
Bathild
Bathilda
Bathilde
Batilda
Batilde
Beate
Beatrisa
Beatrix
Beil
Belinda
Bellinda
Bellynda
Belynda
Benadette
Benedikta
Bera
Beradette
Berdie
Berdine
Berit

Berlinde
Berlynn
Berna
Bernadea
Bernadeena
Bernadene
Bernadet
Bernadett
Bernadetta
Bernadette
Bernadin
Bernadina
Bernadine
Bernadotte
Bernadyna
Bernaetta
Bernarda
Bernardette
Bernardina
Bernardine
Berneen
Bernessa
Berneta
Bernina
Bernise
Berrta

Berrte
Berrti
Berrtina
Berrty
Berta
Berte
Bertha
Berthe
Berthilda
Berthilde
Berti
Bertilda
Bertilde
Bertina
Bertine
Bertita
Bertrada
Bertuska
Bettina
Billa
Billee
Billey
Billie
Binney
Birdie
Birdy

Birta
Birtha
Blanch
Blanche
Blanka
Blinny
Bluma
Bobbette
Bobbye
Bobette
Bobi
Bobie
Bobina
Bobine
Bobinette
Bodie
Bowman
Brandt
Brenda
Brenner
Breslau
Brigitta
Brinhild
Brinhilda
Brinhilde
Brookelle

Brooklynn
Brooklynne
Brooky
Bruna
Brunhild
Brunhilda
Brunhilde
Brunilda
Brunnhilda
Brunnhilde
Brunonia
Brynhild
Brynhilda
Brynhilde
Brynnhild
Brynnhilda
Brynnhilde
Caecilia
Callan
Caraleen
Caraleena
Caraline
Caralyne
Caralynn
Caree
Carely

Carie
Cariel
Carileen
Carilena
Carilis
Carilyn
Carilynne
Carla
Carlaena
Carlah
Carlan
Carlana
Carle
Carleah
Carleena
Carleesia
Carleeza
Carlein
Carlen
Carlena
Carlene
Carlenna
Carleta
Carletha
Carlethe
Carletta

Carlette
Carlia
Carlicia
Carlina
Carlinda
Carline
Carliqua
Carlis
Carlisa
Carlise
Carlisha
Carlisia
Carlissa
Carlissia
Carlista
Carlla
Carllen
Carlonda
Carlreca
Carlyjo
Carlyn
Carlyna
Carlyne
Carlynn
Carlynne
Carlyse

Caro
Carola
Carolann
Carolanne
Carole
Carolee
Carolein
Carolena
Caroliana
Carolien
Carolin
Carolina
Carolinda
Caroline
Carollyn
Caroly
Carolyn
Carolyne
Carolynn
Carolynne
Caroyln
Carree
Carrie
Carrola
Carrolyn
Caryle

Carylon
Cecania
Celie
Celine
Char
Chara
Charill
Charla
Charlaine
Charlanna
Charlayne
Charlea
Charlee
Charleen
Charleena
Charleene
Charleesa
Charleigh
Charlena
Charlene
Charlesetta
Charlesette
Charlesina
Charlet
Charlett
Charletta

Charlette
Charli
Charlice
Charlien
Charlina
Charline
Charlisa
Charlita
Charlize
Charlott
Charlotta
Charlsie
Charlyn
Charlyne
Charlynn
Charmain
Charmion
Charolett
Charolette
Cheryl
Chris
Chriselda
Christa
Christel
Christiane
Christl

Clarimonde
Clay
Cline
Clothilda
Clothilde
Clotilda
Clotilde
Clove
Conrada
Conradeen
Conradina
Conradine
Constantijna
Constanz
Crescentia
Cunigunde
Dagmar
Dagna
Dahlina
Dale
Dalina
Daline
Dame
Deetta
Delina
Deline

Della
Delle
Dellene
Delli
Dellina
Delline
Delly
Delma
Delmi
Delmira
Delmy
Delyne
Didi
Didrika
Diedericka
Diederike
Diedricka
Diedrika
Dietlind
Dietlinde
Disel
Dorte
Dörte
Dortje
Dresden
Druella

Dürte
Dustin
Dusty
Earhart
Earnestine
Ebba
Eberta
Eda
Edana
Edda
Edel
Edelgard
Edelie
Edeline
Edelle
Edelmera
Edeltraud
Edeltraut
Editha
Eduvigis
Edvig
Edvigis
Edwig
Edwige
Edwina
Eevonne

Eilika
Eilise
Elba
Elbertha
Elberthina
Elberthine
Elbertina
Elbertine
Eleonara
Eleonora
Eleonore
Elfre
Elfrea
Elfreda
Elfredah
Elfredda
Elfreeda
Elfrida
Elfrieda
Elfriede
Elfryda
Elfrydah
Elicia
Elissa
Elka
Elke

Ella
Ellesse
Ellfreda
Ellfredah
Ellfredda
Ellfreeda
Ellfrida
Ellfrieda
Ellfryda
Ellfrydah
Ellia
Ellina
Ellke
Ellma
Elloise
Ellvira
Elma
Elmah
Elmeena
Elmena
Elmina
Eloisa
Eloise
Eloisia
Elouise
Eloysia

Elrica
Elsie
Elske
Elva
Elvah
Elveera
Elvera
Elvira
Elvire
Elvyra
Elwira
Ema
Emaleen
Emalene
Emalinda
Emalyn
Embline
Emblyn
Emelie
Emeline
Emelita
Emera
Emma
Emmalene
Emme
Emmeleia

Emmeline
Emmelyn
Emmette
Emmi
Emmie
Emmiline
Emmylou
Emylin
Emylynn
Engela
Engla
Enrichetta
Enrichette
Enrika
Enza
Erma
Ermanna
Ermengard
Ermengarde
Ermentrud
Ermentrude
Ermina
Ermine
Erminia
Erminie
Ermintrude

Ermyne
Ernesha
Ernesta
Ernestina
Ernestine
Ernestyna
Ethelenda
Ethelene
Ethelind
Ethelinda
Ethelinde
Etheline
Ethlin
Ethlinda
Etholinda
Ethylind
Evchen
Everett
Evi
Faiga
Falatrude
Famke
Farica
Faricka
Farran
Federica

Felda
Felicie
Felicitas
Felmine
Femke
Ferdinanda
Ferdinande
Fericka
Fermina
Fernand
Fernanda
Fernandah
Fernande
Fernandina
Fernandine
Fernandyn
Filberta
Filiberta
Fita
Flicka
Florentia
Franka
Franziska
Freada
Freda
Fredalena

Fredda
Freddee
Freddey
Freddi
Frederica
Fredericka
Frederickina
Frederika
Frederike
Frederine
Frederique
Fredia
Fredie
Fredricia
Fredrika
Fredrikke
Freeda
Freedah
Freida
Frerika
Frida
Frieda
Friedah
Friedalinda
Friedel
Friedelinde

Friederika
Friederike
Friso
Fritzi
Frodelinde
Frolinde
Fryda
Frydah
Frydda
Fuchsia
Gable
Galatia
Galiana
Galianna
Galiena
Galliena
Galyena
Gannet
Geerta
Geertruide
Geltruda
Geltrudis
Gemine
Geneeva
Genovefa
Genoveva

Georganna
Geralda
Geralde
Geraldeen
Geraldene
Geraldina
Geraldine
Geralyn
Geralynn
Geralynne
Gerda
Gerde
Gerdene
Gerdi
Gerdine
Gerhardine
Geri
Gerianna
Gerianne
Gerika
Gerilynn
Gerlind
Gerlinde
Gerlindis
Germaya
Germine

Gerri
Gerrilyn
Gerroldine
Gerry
Gert
Gerta
Gerte
Gertie
Gertina
Gertraud
Gertrud
Gertruda
Gertrude
Gertrudis
Gerty
Gesine
Ghisele
Ghisella
Gilberta
Gilberte
Gilbertha
Gilberthe
Gilbertina
Gilbertine
Gilen
Gina

Giralda
Gis
Gisela
Giselda
Gisele
Gisella
Giselle
Gislind
Gislinde
Gismara
Gisselle
Gitta
Giza
Gizela
Gizella
Gizelle
Godfreya
Godfreyda
Gotfreya
Gratia
Greeta
Greta
Gretchen
Grete
Gretel
Gretha

Grethe
Gretna
Gretta
Grette
Gricelda
Gricely
Grietje
Grisel
Griselda
Griseldis
Grisella
Griselle
Griselly
Grishelda
Grishilde
Grissel
Grizel
Grizelda
Gryselde
Gryta
Gryzelde
Guda
Gudrun
Guillelmina
Guillelmine
Guillema

Guillemette
Guillemine
Gunda
Gundula
Gunhild
Gunnhild
Gunthild
Hadelinde
Hadvig
Hadwig
Hahn
Haike
Haldis
Halfrida
Hallam
Halma
Hanne
Hannele
Hannelore
Hariette
Harolyn
Harriet
Harriett
Harrietta
Harriot
Harriott

Harriotte
Hatsee
Hatsey
Hatsie
Hatsy
Hattie
Hatty
Hawise
Hedda
Heddi
Heddie
Hedi
Hedvig
Hedviga
Hedvige
Hedwig
Hedwiga
Hedwige
Hefner
Heide
Heidee
Heidewig
Heidi
Heidie
Heidy
Heike

Heinricka
Heinrike
Helisent
Hellee
Helma
Helmina
Helmine
Helminette
Heloisa
Hendrika
Henia
Henie
Henka
Hennie
Henrie
Henrieta
Henrietta
Henrika
Henrike
Henryetta
Hermina
Hermine
Herminie
Hess
Hetta
Hette

Hidi
Hilda
Hildagard
Hildagarde
Hilde
Hildegaard
Hildegard
Hildegarde
Hildegund
Hildegunn
Hildemar
Hildemarr
Hildi
Hildie
Hildred
Hildreth
Hildrun
Hildy
Hille
Hilma
Holda
Holde
Holle
Honey
Hroswitha
Huberta

Huberte
Hubertina
Hubertine
Huela
Huella
Huetta
Huette
Huffman
Hugette
Hughette
Hughina
Hylda
Ida
Idda
Ide
Idha
Idona
Idonah
Idone
Idonea
Idonia
Idonie
Idonna
Idys
Ilisa
Ilise

Illsa
Illyssa
Ilsa
Ilsae
Ilsaie
Ilse
Ilysah
Ilysse
Ima
Imelda
Imma
Ingeborg
Ingram
Irma
Irmgard
Irmgarde
Irmhild
Irmina
Irmine
Irminhild
Irminia
Irminie
Irmlinde
Isa
Isela
Isobella

Isobelle
Isolde
Ivara
Jarvia
Jarvinia
Jasolin
Jenell
Jeraldeen
Jeraldene
Jeralee
Jerilene
Jerolyn
Jerree
Jerrileen
Jerroldeen
Jery
Jette
Jocelin
Jocelina
Joceline
Jocelle
Jocelyne
Jocelynn
Jocelynne
Joci
Jocia

Jocinta
Joclyn
Johanna
Johannah
Josalyn
Josalynn
Joscelin
Josceline
Joscelyn
Josefine
Joseline
Joselyn
Josepha
Josilin
Josiline
Josilyn
Josline
Joslyn
Joslyne
Joslynn
Joslynne
Joss
Jossalin
Jossalyn
Josselyn
Josselynne

Josslyn
Jozlyn
Jule
Jules
Juli
Juliane
Jung
Jutta
Jutte
Käethe
Kalona
Karaleen
Karaleena
Karalina
Karel
Karelyn
Karilyn
Karilynn
Karla
Karlee
Karlein
Karletta
Karley
Karlota
Karlote
Karlotta

Karlotte
Karlyn
Karlynn
Karolin
Karoline
Karryl
Karryll
Karsten
Karyl
Karyll
Kate
Kateri
Katharina
Kathrin
Katja
Katrin
Katrina
Katz
Keil
Kelby
Keller
Kern
Kerril
Kerryl
Kerstin
Keryl

Kiffen
Kirsten
Klarissa
Konstantia
Konstantijna
Konstanze
Kostya
Kristen
Kristin
Krystalle
Kunigunda
Kunigunde
Kyler
Laberta
Laidey
Lauralei
Laurelai
Laurelei
Laurelie
Laurice
Lauris
Leece
Leese
Leisel
Leisha
Lenarda

Lenda
Leni
Lenna
Lennarda
Lenore
Leoda
Leoma
Leona
Leonarda
Leonarde
Leonie
Leonore
Leopoldine
Leota
Lesha
Licha
Lichah
Liebetraud
Liebtraud
Liesa
Liese
Liesel
Lieselotte
Liesl
Liezel
Liezl

Lili
Lilie
Lilli
Lilo
Linchen
Line
Lira
Lisbet
Lisbeth
Lise
Liselotte
Loise
Loleta
Loletta
Lora
Loralee
Loralei
Loralie
Loralyn
Lore
Lorelei
Lorilee
Lorilyn
Lorita
Lote
Lotea

Loti
Lotta
Lotte
Lottee
Lottey
Lotti
Lotty
Lou
Louanna
Louella
Louisa
Louise
Louisetta
Louisette
Louisiana
Louisiane
Louisina
Louisine
Louiza
Lova
Lovisa
Lowise
Loyise
Luana
Lucina
Ludovica

Ludovika
Ludowika
Ludwiga
Luisa
Luise
Luitgard
Lujza
Lujzika
Lula
Lulita
Lura
Lurette
Lurlene
Lurline
Lutz
Luzi
Luzie
Lynde
Lysa
Lyssa
Magda
Magdalene
Magnhilde
Magnilda
Mahler
Maitilde

Maja
Malisande
Malissande
Mallory
Maltilda
Maltilde
Malyssandre
Mandel
Mandell
Mareike
Marelda
Margareta
Mariane
Marieke
Mariel
Marilda
Maritza
Marla
Marlaina
Marlana
Marlane
Marlayna
Marlayne
Marleena
Marleene
Marleina

Marlena
Marlene
Marleni
Marlie
Marlina
Marlis
Marlyn
Marlynne
Marrelda
Matelda
Mathild
Mathilda
Mathilde
Matilda
Matilde
Mattie
Maud
Maude
Maudie
Maudy
Maxi
Mechel
Mechtilde
Meike
Melain
Melesande

Melisande
Melisandra
Melisandre
Melisende
Melissande
Melissandre
Mellisande
Melysande
Melyssandre
Mena
Mendie
Meret
Meryl
Meta
Mette
Mikkel
Milee
Milla
Millicent
Mina
Minchen
Mindy
Mine
Minetta
Minna
Minne

Minnette
Mitzee
Mitzi
Mitzy
Morgen
Mueller
Mullen
Mylei
Myly
Nadette
Nanda
Nandi
Nanthild
Neele
Nele
Nitsa
Nixie
Norberta
Norbeta
Nordica
Normah
Normi
Normie
Notburga
Oberon
Oda

Odalis
Odele
Odelia
Odella
Odetta
Odiel
Odila
Odilia
Odilie
Odolia
Olinda
Olympie
Oma
Orlantha
Ormanda
Ornett
Ornetta
Orrnett
Oswine
Otthild
Otthilda
Otti
Ottila
Ottilia
Ottilie
Ottiline

Ottoline
Otylia
Ouida
Paraskevi
Philberta
Philberthe
Philiberta
Polyxena
Porsche
Porsha
Quartz
Radegund
Rae
Raffaela
Ragnhild
Ragnhilda
Ragnhilde
Ragnild
Ragnilda
Ramonda
Ranillda
Rayma
Raymonda
Rebekka
Reberta
Reinheld

Reinhilda
Reinhilde
Rella
Renate
Renilda
Renilde
Resel
Resi
Reta
Reynilda
Reynilde
Rheta
Rhita
Rhowena
Ricarda
Richanda
Richarda
Richardella
Richardene
Richardette
Richardina
Richardyne
Richel
Richela
Richele
Richella

Richelle
Richenda
Richenza
Richette
Richia
Richilene
Richina
Richmal
Richmalle
Ricka
Rieka
Rike
Rilian
Rilla
Rilletta
Rillette
Roba
Robbee
Robbey
Robbi
Robbin
Robeena
Robella
Robelle
Robena
Robenia

Roberda
Robernetta
Roberta
Roberte
Robertena
Robertene
Robertha
Robertina
Robertine
Robetta
Robette
Robettina
Robina
Robinett
Robinette
Robinia
Robyn
Robyna
Robynn
Robynna
Robynne
Rochele
Rochell
Rochella
Rochette
Roderica

Rodericka
Roderiga
Roderika
Roderique
Roderqua
Rolanda
Roline
Romantza
Romy
Ronja
Rory
Ros
Rosalen
Rosalind
Rosalinda
Rosalinde
Rosalynd
Rosalynda
Rosamond
Rosamonde
Rosamund
Rosamunda
Roschella
Roschelle
Roselin
Roselind

Roselinda
Roselinde
Roselinn
Roselynda
Roselynde
Rosemond
Rosemonda
Roshelle
Rosine
Roslynn
Roslynne
Rosmund
Rosmunda
Roswitha
Roweena
Roweina
Rowena
Rowenna
Rowina
Roz
Rozali
Rozalia
Rozalin
Rozalind
Rozalinda
Rozalynn

Rozalynne
Rozamond
Rozamund
Rozelin
Rozelind
Rozelinda
Rozelyn
Rozelynda
Ruberta
Rudella
Rudy
Rune
Rupa
Ruperta
Rupetta
Sailor
Sanja
Sanne
Sarilda
Sascha
Saskia
Schatzi
Schmetterling
Schneider
Schwartz
Searlait

Selda
Sellma
Selma
Senta
Serhilda
Serhilde
Serilda
Serrilda
Sharel
Sharkeen
Sharlaine
Sharlamaine
Sharlan
Sharlana
Sharlane
Sharlee
Sharleen
Sharlena
Sharlene
Sharlet
Sharlett
Sharletta
Sharlette
Sharleyne
Sharlie
Sharlina

Sharline
Sharlisa
Sharlott
Sharlotta
Sharlotte
Sharly
Sharlyn
Sharlyne
Sharlynne
Sharmain
Sharmayne
Sharmion
Sheri
Sherie
Sherrie
Sheryl
Shslene
Sieglinde
Siegrun
Siegrune
Sigfreda
Sigfrida
Sigfrieda
Sigfryda
Silke
Sommer

Sonje
Sonnenschein
Sorell
Stanze
Stefani
Stefanie
Steffi
Stein
Stephanine
Susanne
Suse
Swanhild
Swanhilda
Swanhilde
Swanild
Swanilda
Swanilde
Swannie
Swanny
Tabea
Tahnia
Tammen
Tanja
Tatjana
Tawanda
Theda

Theida
Therese
Theresia
Theta
Thida
Tiguan
Tilda
Tilde
Tildie
Tildy
Tilla
Tilli
Tillie
Tilly
Tjode
Tottie
Traudl
Tresa
Trescha
Trude
Trudhild
Trudhilde
Trudi
Trudie
Trudy
Trula

Ubertina
Uda
Udile
Ugetta
Uhlrike
Ulf
Ulka
Ull
Ulla
Ullrica
Ullricka
Ulrica
Ulrika
Ulrike
Ulva
Unna
Urse
Uta
Ute
Uulrica
Vada
Vala
Valda
Valla
Vallda
Valma

Vanda
Velma
Vibeke
Vila
Vilhelmina
Vilhelmine
Villhelmina
Villhelmine
Vilma
Viveca
Viveka
Vix
Volney
Von
Vonda
Voss
Walberga
Walburga
Walda
Waldena
Waldette
Waldina
Walkiria
Wallburga
Wallda
Walpurgis

Waltraud
Waltraut
Waltrina
Waltrud
Waltrude
Wanda
Warda
Wardia
Wardine
Warna
Weber
Weibe
Welda
Wellda
Wenda
Wendell
Wendelle
Wibeke
Wibke
Wicker
Wiebke
Wilda
Wilhelma
Wilhelmina
Wilhelmine
Willa

Willabella
Willabelle
Willamina
Willamine
Willda
Willeen
Willemina
Willene
Willetta
Willette
Williamina
Williebelle
Willma
Willmina
Willmine
Willybella
Wilma
Wilmette
Wilmina
Wilna
Winfrieda
Winfriede
Winnifriede
Winola
Wistarr
Wiweca

Wübke
Wylda
Wylma
Yavet
Yettie
Yevette
Yvete
Yvetta
Yvonna
Zelda
Zelima
Zelinda
Zelma
Zelmah
Zenzi
Zeppelin
Zilke
Zinnia
Ziska

Printed in Great Britain
by Amazon

22729952R00091